CHRISTIAN FEDAK

PASSAGES POÉTIQUES

© **Christian FEDAK**
Traitement et mise en page : Sébastien ANCORI
Éditeur : BoD Books on Demand 12/14 rond-point des Champs-Élysées 75008 Paris
Impression : BoD Books on Demand, Allemagne
ISBN : 9782322118168
Dépôt légal : avril 2018

A Dany, pour son soutien.

*Je relis les mots, les phrases, les strophes,
et je me dis qu'ils ne sont pas de moi.
Impossible. Quelqu'un a dû passer en moi.
Passer. Que de passages entre nos deux tempêtes,
et les voir passer nous fait parfois tourner la tête.
Le temps passe; le vent, les nuages, les saisons,
des êtres connus et tellement de choses encore.
Dans les pages qui suivent, ce sont quelques uns
de ces passages qui sont photographiés.
Ils sont divisés en trois parties, l'une de sensibilités
passagères, la deuxième d'un espace d'une pratique
de quelques décennies, et la troisième de réalités
plus intimes. Simplement des passages en poésie.*

Partie I

LÉGÈRETÉ

Un air doux s'est couché dans les allées
Du jardin, entre les bordures de pierre
Où s'accrochent des feuilles de fougères,
Un air doux de mai dans les azalées.

Des papillons rassemblés en corolles
Sur de longues tiges mauves comme des fleurs,
Se mêlent où un rayon de soleil meurt,
Aux abeilles qui parfois s'envolent.

La lavande se plie sous toutes ces ailes
Et fredonne un froissement incessant
D'épis, comme un air connu de printemps
Dans les bordures, en son de chanterelle.

Sur le talus, les rosiers en bourgeons,
En grappes, tout en pétales serrées
Que les insectes ne font que survoler,
Forment dans le treillis comme une cloison.

Et tu passes dans l'air clair du mois de mai,
Dans les allées aux feuilles de fougères,
En rêvant à quelques rimes de Baudelaire,
Entre la lavande et les azalées.

LE SILENCE DES LIVRES

Il aimait le silence des livres,
Il le lisait du bout du doigt,
C'était sa façon de le suivre,
Assis dans son fauteuil en bois.

Il le lisait de page en page,
À peine froissé d'un sourire,
Quand les futiles bavardages
Commençaient à ne rien dire.

Je revois encore son visage
Cerné d'une barbe blanche,
Dans sa tenue d'homme sage
Qu'il portait jusqu'aux dimanches.

Les mots qui couraient dans ses yeux
L'emmenaient dans des voyages,
Vers d'autres pays, d'autres cieux,
Et sans aucun autre bagage.

Il s'en allait en étant là,
Tout heureux en apparence,
Avec un livre au fond des bras,
Ce traducteur de silence.

ESPOIR

Un croissant de lune s'est pendu,
Un croissant pâle dans les sapins,
Par quelques branches retenu,
Je voudrais lui tendre la main.

En contrebas un chien gémit
Sans ne plus pouvoir aboyer,
Et il remplit toute la nuit
De sa plainte de prisonnier.

Dans les antennes des maisons
Des fils de nuages passent,
Se regroupant en fine toison
Au-dessus du plateau d'en face.

Vers les cimes, des ailes se froissent
Dans le grand désordre des feuilles,
C'est l'arrivée d'un beau rapace
Reposant son habit d'orgueil.

Dans cette nuit de décembre
Et mon espoir d'un lendemain,
Sous la lumière de sa chambre,
Je voudrais lui tendre la main.

LA FEUILLE DU PEUPLIER

Qu'elle est joyeuse aux belles saisons
Dans sa ramille, en murmurant
Le doux refrain de sa chanson,
Quand le soleil devient brûlant.

Dans tout l'éclat de sa parure
Et jusqu'au faîte du peuplier,
Elle s'enivre de tant de verdure
Aux balancements du houppier.

Quand le jour se dérobe, s'endort,
S'apaise aux clartés vespérales,
Elle se réjouit de tout son corps
À la naissance des étoiles.

Et jusqu'au temps des grands frimas,
Dans ses robes d'ocre froissées,
Tendrement elle écoutera
Les belles trilles du chardonneret.

Mais qu'elle est triste maintenant,
Effrayée, tremblante et blanche,
À tourbillonner lentement,
Tellement loin de sa branche.

SI BELLE

Tu étais si belle dans le chaud soleil de mai,
Sous ton ombrelle, à tourner les mots de Verlaine
Entre tes doigts, assise sur un coussin de laine,
Si belle entre les fleurs et les genévriers.

Un souffle caressait les pages comme une musique,
Si légère, comme une effluve de rimes galantes,
Dansantes dans des rais de lumière oblique
Et jusqu'aux dentelles de ta tenue charmante.

Tu lisais, si frêle derrière ta mèche rebelle
Qui lâchait son ombre sur les mots de Verlaine,
Si frêle, au beau pays d'Erato l'éternelle
Où l'amour était toujours plus fort que la haine.

Tu soupirais, triste, et nous ne nous verrons plus
Dans le soleil de mai et les genévriers,
Mais je serai tout proche de toi à ton insu,
Et invisible sous l'ombrelle à tes côtés.

PETIT NUAGE

Où sont les mots pour dire ta blancheur
Petit nuage aux plis éphémères ?
Tu pars seul sans regard en arrière
Dans les grands vents comme un voyageur.

L'été a épuisé ses couleurs,
Et les jaunes, les bruns se mélangent
Comme un tapis que rien ne dérange,
Ton ombre le frôle avec douceur.

Le vide est ton chemin, et sans heurt
Au-dessus des grandes villes étrangères,
Tu avances paisible et solitaire,
Loin du bruit des orages tapageurs.

D'ici, au petit coteau, au cœur
D'un recoin qui encore verdure,
Je vole, et à ton oreille murmure
Ce bel automne dans un restant de fleurs.

BRINS DE SILENCE

J'ai croisé le silence dans ce coin de nature
Où s'étalait la terre des labours fumant,
Où les chemins tournaient entre les clôtures
Dans des taches de soleil qui rampaient dans les champs.

Je l'ai rencontré tout au sommet du vallon,
Récitant ses anciens refrains de brise légère
Dans des odeurs de foin et de dernières moissons,
Au pied de vieilles pierres et d'un arbre solitaire.

De cette hauteur, je l'entendais dans tous ces bruits,
Du charroi de ferme qui s'élevait des pavés,
Aux troupeaux, aux bergers et à leurs litanies,
Avec tout près du bois quelques airs de cognée.

Je l'ai trouvé poursuivi de clocher d'église
Qui rappelait les rites et les heures trop souvent,
Dans ce lointain village moulé par son emprise,
Avec autour des maisons quelques cris d'enfants.

Dans cette campagne s'étalant comme un tableau,
Aux mille couleurs dans les courants des fragrances,
Entre la brise et les errances des étourneaux,
J'étais venu au vallon croiser le silence.

ABSENCE

Le soir tombe sur les rues résonnant de mes pas
Qui se mélangent à d'insaisissables voix,
À la pluie froide s'égouttant du bord des toits
Dans des flaques qui se rident en contrebas.

Le soir tombe sur mes pensées, mon désarroi,
Et les gens passent sous les réverbères sans me voir,
Sans rien entendre de ma peine, mon désespoir,
Et le vent frappe les vitres, les volets en bois.

Les rues résonnent du bruit de mes pas dans le soir,
Dans le désordre des branches des grands saules
Qui ne font que jouer leur éternel rôle
Dans leurs costumes de tremblantes ombres noires.

Mais où es-tu dans toutes ces couleurs vides ?
Où es-tu dans ces rues qui vont de rue en rue ?
Les fenêtres s'éclairent mais tout est dépourvu
Dans ces coins et recoins de lumière livide.

Passe le vent alentour et ma peau frissonne
Bien au-delà de mon être solitaire,
Et puisqu'à jamais ton silence m'atterre,
Me crie, je passe inconnu et je m'abandonne.

RECUEILLEMENT

Avec un bouquet dans sa main,
De fleurs et de branches en feuilles,
Elle s'en allait chaque matin
Dans la pénombre des tilleuls.

Elle s'en allait tous les matins
Sans les oiseaux ni le soleil
Vers les pales du vieux moulin
Que le vent chantait dans le ciel.

Elle déposait à sa porte
Un ample bouquet de souvenirs,
De la beauté des années mortes
Et son mélancolique avenir.

Elle s'en allait tous les matins
Sur les chemins de son enfant,
Avec dans les yeux son chagrin
Qu' emportaient les ailes du vent.

CRÉPUSCULE

Le soir se pose doucement dans le lointain
Comme un long voile ; déjà des lumières s'illuminent,
Des flambeaux sur les routes et les collines.
Quel spectacle ! Toute cette clarté en déclin.

D'ici, je croise le regard des hauts peupliers,
Des bouleaux argentés, des chênes qui se penchent
Dans le grand vent prisonnier du fatras des branches.
Quel vacarme ! Cette haleine autour des marronniers.

Le soir se pose dans les courants d'air ; lentement
L'ombre s'allonge et rentre les derniers grillons,
Et comme affolées les couleurs des papillons.
Quelle beauté ! Cette nature qui s'endort bruyamment.

D'ici, je murmure mes pensées au voile obscur
Qui s'étend sur toute la forêt, où le bruit
Fuit et s'éteint ; et près du cyprès, blottie,
Tu t'endors contre moi sous cette couverture.

LE MÉDAILLON

Ta photo me regarde sans ciller
Entre l'épitaphe et les bleuets,
Avec des taches d'ombre et du soleil
Sur tes cheveux et le bouquet bleu ciel.

Elle me regarde dans son noir et blanc
Avec ton visage au sourire d'avant,
Et je lui parle tout au fond de mon cœur
Du présent et de notre vieux bonheur.

Les sépultures se parent de silence
Mais sans entendre nos confidences,
Ni les rêves qui bâtissaient notre vie
Avec tant de mots encore jamais dits.

La bougie tout près de toi s'affaiblit
Comme le bois du petit crucifix,
La houle du temps ne s'arrête jamais
Et nous éloigne bien loin du passé.

Ta photo me regarde sans ciller
De ton médaillon beau comme un bijou,
Maintenant la pluie s'est mise à tomber
Et je vois des larmes couler sur tes joues.

L'ENCRE DE LA PLUME

Avec sa main gauche qui tient sa tête,
Inclinée de mystères, d'idées secrètes,
Il fouille de ses yeux derrière la fenêtre,
Perdu dans le dédale de son être.

Il ne se redresse pas au chevalet
Avec ses pinceaux et son nuancier,
Et il ne pourra dire à l'aquarelle
Que de pâles couleurs de l'arc-en-ciel.

Il ne dit rien aux notes et aux silences
Des partitions confuses des romances,
Aux envolées des cordes du violoncelle,
Ni même à sa voix qui souvent chancelle.

Il ignore le goût du marbre, de l'argile,
De ses mains et de ses doigts indociles;
Il ne fait rien du bois et de l'ivoire,
Rien des dessins difformes au crayon noir.

Il ne porte aucun autre costume
Qui fait les grands effets des coutumes
Des parterres de théâtre et des scènes,
Mais s'habille des mêmes allures quotidiennes.

Pourtant, il sait dire la beauté de l'eau
Qui se ride autour des joncs, des roseaux,
Des montagnes où serpentent les torrents,
Des étoiles qui peuplent le firmament.

Il sait dire l'inlassable va-et-vient
Des vagues qui ondulent dans le lointain,
Les petits plaisirs, les grandes amertumes,
Dans le filet de l'encre de sa plume.

DES CRIS DANS LE CIEL

Le ciel s'est couvert d'un manteau gris,
Et tout froissé de pans alanguis
Qui s'accrochent comme une chevelure
Aux vieilles tuiles rouges des toitures.

Au-delà, son azur s'impatiente,
Poussé par une lumière ardente
Dans cet océan d'ouate et de brume,
À chercher une trouée qui s'allume.

Soudain, le ciel crie d'un ton étrange
Dans toute la grisaille de ses franges,
En de mystérieuses voix de concert
Enrouées de trop de goulées d'air.

Et il se creuse en un beau trait bleu,
Tout entouré d'un ourlet soyeux
Comme un cadre bordant une toile
Où l'espace infini se dévoile.

Intensément je regarde, j'attends,
Écoutant tout ce bruit qui descend
Vers l'orée de cette belle éclaircie,
Comme vers une petite île dans le gris.

Je regarde, et soudain se déplie
Au-dessus d'un repère de prairie,
Une escadrille d'oiseaux égarés
Dans leurs beaux uniformes d'oies cendrées.

GARDONS DES LARMES

Gardons des larmes au fond des yeux
Pour cet enfant, ce malheureux,
Pour ce petit sans sa mère,
Cet orphelin, ce solitaire.

Gardons des larmes au fond des yeux
Pour cette fille aux blonds cheveux,
Qui attend et désespère
Sur le quai d'une gare en hiver.

Que vais-je faire de tout cela,
Que vais-je faire je ne sais pas,
De la tristesse des enfants,
Et du désespoir des amants.

Gardons des larmes au fond des yeux
Pour ce départ aventureux,
Vers la mer et loin d'ici,
Pour toi mon frère, mon vieil ami.

Gardons des larmes au fond des yeux
Pour le temps du dernier adieu,
Pour tous ceux que l'on connaît,
Et qui partiront à jamais.

Que vais-je faire de tout cela,
Que vais-je faire je ne sais pas,
Du gros poids de cet amour
Qui me tourmente de jour en jour.

PRINTEMPS

Sentez comme avril est gourmand
De soleil, des bourgeons ravis
Aux beaux parterres d'herbe fleurie,
De jonquilles et d'iris dansants.

Et sentez le souffle nouveau
Qui rentre dans vos chevelures
Légères, et porte des oiseaux
Frôlant les arbres et les murs.

Sentez dans le ciel les clairières
De lumière entre les nuages,
Se moquant du vaste hiver
Et de son morne ouvrage.

Sentez comme elles percent la terre
Ces racines gavées de sommeil,
Dans les massifs aux couleurs fières
Que la douceur de l'air réveille.

Oui, sentez cette métamorphose
Des froides nuances, des embus,
Que le soleil d'avril dépose
Et que vos yeux avaient perdu.

L'ÂTRE

Un air coulait dans le conduit
De l'âtre vers des flammes bleues
Et jaunes, et sans faire de bruit
Éclairait les braises du feu.

Il allait dans la pièce chaude,
Tremblant nos ombres sur les murs,
Et même dans tes yeux émeraudes
Qui brillaient dans ta chevelure.

Il venait dans nos silences
Caresser nos gestes tendres,
Et repartait dans les fragrances
Des branches mortes et des cendres.

Les flammes se fouettaient entre elles,
Aspirant nos regards lointains,
Dans son éternelle ritournelle
Le feu nous prenait par la main;

Mais sans aller vraiment trop loin,
Juste dans le voyage de l'instant,
Devant l'âtre et être bien
Entre les coussins du divan.

FORÊT

Danse forêt dense,
Et les houppiers dansent
Et s'enchevêtrent au vent
Dans des courants violents.

Danse forêt dense,
Et les cimes balancent
Et frappent leurs branches
En bruit d'avalanche.

La canopée se houle
En vagues qui se déroulent
Comme une grande mer
Qui part de la lisière.

Quelle est donc cette marée
Qui lance désordonnée
L'onde qui entraîne
Les hêtres et les chênes ?

Qui es-tu vent d'hiver
Qui met tout à l'envers
Dans les grands arbres nus
Sans paraître fourbu ?

Un vol d'oiseaux se perd
Dans ce souffle désert,
Comme dans un naufrage
Sur l'onde sauvage.

PALIMPSESTE

Un palimpseste se déroule,
Griffé de tant d'encre effacée,
De mots d'amour et de chagrin,
Empreints d'odeur de parchemin.

Les lettres sont entrelacées,
Si fragiles à séparer,
Blessées par tant de coups de plume,
Des temps passés et des coutumes.

Il s'écorne et se fissure
Sur des joies et des blessures,
Des états d'âme fébriles
Dans des traces indélébiles.

Dans son écriture épaisse,
Croisée de douleur et de liesse,
Des amants semblent vivre encore,
Figés d'une encre incolore.

LE VENT

Je ne sais pas pourquoi le vent me séduit tant,
Dans sa douceur ou sa force, et profondément
En mon âme, soulevant mes joies et mes tourments,
Dans le balancement des branches je suis dans le vent.

Dans le vent de mes émois multicolores,
Dans le vert des sapins, le noir des arbres morts,
Je ne sais pas pourquoi je suis en lui si fort,
De la lueur de l'aube au soir quand il s'endort.

C'est l'ami qui est là quand parfois je m'ennuie,
Qui s'affole et qui fuit se cachant de la pluie,
Se jouant dans les coins des feuilles mortes jaunies,
Un ami qui me prend et m'emmène loin d'ici.

C'est lui qui se met dans ma main, dans ma plume,
Dans les lettres et les mots où tout se résume,
Jusqu'aux fleurs de l'allée du jardin qu'il parfume,
Et là-haut dans le ciel les nuages qu'il consume.

Je ne sais pas pourquoi le vent me séduit tant,
Et que les arbres patientent quand il est absent,
Comme les coquelicots dans les herbes des champs,
Depuis l'enfance et mon premier cerf-volant.

FEU

Regardez dans les grottes profondes
Le sceau de ses empreintes aux parois,
Comme une couche de suie nauséabonde
Figée par des feux de paille et de bois.

Voyiez des bouts de ses yeux sur les dunes
Menant aux voies sans péril sur les flots,
Comme des fanaux dans les cieux nocturnes
Qui scintillent et qui parlent aux bateaux.

Regardez la flamme au bout de ses doigts
De chandelier, dansant dans les couloirs
Des châteaux sous les charpentes en bois,
À la poursuite des ombres dans le noir.

Voyiez sur les chenets des cheminées
Les branches du bouleau qui se plaignent,
Dans ses longs bras jaunes tout affolés
Avant de faire craquer les châtaignes.

Ne voyez-vous pas toutes ces étincelles
Qui s'éclaboussent de son atelier,
Jusqu'à tapisser la voûte du ciel
Pour la joie des poètes, des romanciers.

Ne voyez-vous pas ces hautes fumées
S'échappant comme une haleine de colosse,
Dans des coups d'enclume et de coulées,
De la forge profonde d'Héphaïstos.

UN RÊVE

*Je me souviens de cet instant magique,
Comme c'était étrange entre les futaies,
Des cris, des rires et comme de la musique,
Entre les chênes et les marronniers.*

*Ils étaient venus de ces temps sans âge,
Du palais du monde, sans or et sans marbre,
Peut-être de loin derrière les nuages,
Dans leur nouvelle demeure aux colonnes d'arbres.*

*Des chars d'osier menés par des auriges,
Parés de vigne et de coulées de lierre,
Apparurent enchantés d'un grand vertige
Où les Ménades se mêlaient aux panthères.*

*Silène surveillait en parfait satyre
Son dieu voyageur et sa démesure,
Entre les danses, les aulos et la lyre,
Dans cette cérémonie en pleine nature.*

*L'ivresse, l'envoûtement se répandaient
Autant que les envolées de cymbales,
De tambours, de sistres dans les ramées,
En un grand rituel original.*

*Le thyrse vibrait au rythme des chants,
Menant la transe comme un grand chorège,
Entre les mains d'un éternel errant,
Le dieu Dionysos maître du cortège.*

*Je me souviens de cet instant magique
Ancré dans mon rêve au petit matin,
Je voyais une scène, un théâtre antique,
Comme une aubade au plus haut des gradins.*

AU SOLEIL COUCHANT

Une musique dans l'herbe rouge du couchant,
Des cithares et des tambourins , des flûtes aussi,
Et des voix claires et pures qui flottaient lentement,
Préparaient une douce sérénade pour la nuit.

Et ils étaient tous là, sortis des légendes,
Pour Nix l'obscure allumant ses froides étoiles,
Portant leur enchantement comme une offrande,
Vêtus de fleurs, de peaux et de larges voiles.

Curieusement, les elfes, les nymphes et les gnomes
Se mettaient à la mesure dans l'herbe fraîche,
De la conque, de la harpe, en parfaits métronomes,
Sur le chant de la belle ondine au teint de pêche.

Étrangement, fées, farfadets et chérubins
Se répondaient en notes de syrinx et de luths
Parmi les fifres des korrigans et des lutins,
Tout en haut dans la couleur rouge de la butte.

Dans cette scène insolite où l'air était de l'art,
Comme une musique sortie d'antiques rituels,
Une baguette remuait dans les doigts de Mozart
Pour qu'Héméra se lève encore dans le ciel.

L'ŒIL DE CASSIOPÉE

Une étoile est née dans le vaste ciel,
Une étoile blanche et un peu dorée
Au bout des branches, et comme animée
D'un clignement de paupière fidèle.

Hier, dans la paix des volutes parfumées
Des encensoirs, et la pâle lueur
Des candélabres, une étrange vapeur
S'éleva au-dessus de l'assemblée.

Plus légère qu'un zeste de courant d'air,
Comme une haleine d'ange apeuré,
Elle s'échappa vers la porte vitrée
Où les châssis étaient restés ouverts.

Et lentement elle entra dans le soir,
Tout en haut vers la voûte étoilée,
Juste dans le regard de Cassiopée,
Comme un autre œil dans l'immensité noire.

NOS ÉRINYES

Elles ont grignoté toute la maison, lentement,
Des lumières de l'aurore au crépuscule,
Sans jamais se rassasier, et sauvagement
Dévoré tous les environs sans scrupule.

Elles ont lâché leurs ombres persécutrices,
Troublant l'instant présent, les petits bonheurs,
Sans s'écarter de leur pouvoir et de leurs vices,
Leurs spectres féroces et froids entre nos cœurs.

Nos cœurs tristes et lourds étouffés de haine,
Sans se départir du sceau de Mégère,
Halètent et peinent comme une vieille rengaine
Dans nos colloques intimes et sentiments amers.

Nos sentiments dépourvus de la douce chaleur
Qui nous rassemblaient au creux des coussins dorés,
Se nourrissent de vengeance et de rancoeur
Dans la longue silhouette de Tisiphoné.

La longue silhouette sombre, implacable
De sortilèges, de colères, de mille maux,
Accrochée à nos âmes tellement vulnérables,
Se revêt de l'infernale furie d'Alecto.

Elles nous ont grignoté, toi et moi lentement,
Des lumières de l'aube jusqu'aux heures de la nuit,
Sans jamais se rassasier, et furtivement,
Nous ont entraîné dans le charme des Érinyes.

L'ORATOIRE

Un gisant dans un oratoire
Se reposait depuis longtemps,
Et sans jamais rien entrevoir
Des nuages et du firmament.

À ses côtés sur un prie-Dieu,
Sur ses genoux ankylosés,
Un priant s'ennuyait un peu
À regarder ses mains usées.

Et le transi tout décharné,
Sans couverture dans son enfeu,
Rêvait de bon pain et de thé
Dans la chaleur d'un autre lieu.

Évidemment sous cette voûte,
Les grands échanges silencieux
Ont toujours semé le doute
Dans les postures des bienheureux.

RITUEL

Une lame à mon pied et je suis tombé,
Avec des voix autour, sans retenue,
Et pourtant cela fait bien des années
Que ma tête respirait sous les nues.

Le moteur faisait vibrer tout mon corps
Comme des courants d'air inhabituels,
Et bien incrédule à mon triste sort
J'errais sous les lampadaires des ruelles.

Et maintenant enferré, pour les rêves,
Les joies des enfants mais aussi des grands,
Dans mes douloureux saignements de sève,
Je me vois encore dans mon pré d'avant.

Habillées de lumières étranges,
Mes branches s'ennuient du vol des bouvreuils
Dans les jeux colorés des mésanges,
Des regards apeurés des écureuils.

L'âtre luit tout le long de mon échine
Avec ses assauts de chaleur lourde
Sur toute ma hauteur d'allure de vitrine,
Et personne n'entend ma douleur sourde.

Quelques jours on me toise, on m'admire,
Comme un rituel, comme un grand butin,
Cerné de cadeaux, de santons en cire,
Pour finir asséché dans le jardin.

LE PETIT PRINCE

Sous la clarté de l'abat-jour un livre se met à parler,
Avec des mots remplis d'amour et des aquarelles griffonnées.
'est une histoire pour les enfants, d'un petit prince aux cheveux d'or,
Marchant dans le sable et le vent, si triste dans ce décor.

Car sa fleur est son rêve, son manque et sa lumière dans l'univers,
Comme tous les jours qui s'achèvent pour l'allumeur de réverbères.
C'est entre le soleil, les dunes et jusqu'à la panne d'un avion,
Prés de son pilote d'infortune, qu'il fera tant de confessions.

Te voilà donc tombé du ciel, et ici tu cherches un ami
Qui sait dessiner des moutons bien mieux que monsieur cramoisi.
Et c'est près d'un puits de village, en ce jour d'anniversaire,
Qu'un serpent jaune se faufila, tout près d'un vieux mur de pierres.

Sur le sable d'or du désert, tu aperçus comme un éclair blanc,
Qui t'emporta plus loin qu'un navire, vers ta planète aux volcans.
Sous la clarté de l'abat-jour je commence à m'envoler,
Parmi tes rires dans les étoiles, je suis l'enfant apprivoisé.

FLEUR

L'herbe fuit jusqu'au-dessous de sa tête
Dans un fin frémissement qui l'étonne,
Souffle léger en ce début d'automne
Qui la frôle dans sa parure discrète.

Imperceptible mouvement de la brise
Qui entraîne l'air dans son silence
Sur cette fleur qui à peine se balance
Dans ce vaste vert qui l'emprise.

De sa corolle cherchant le zéphyr
Pour atteindre de plus doux frissons,
Elle étale ses couleurs en fronton
D'émeraudes et d'éclatants saphirs.

Mais l'ombre du saule qui s'enchevêtre
Maintenant l'inquiète de l'aquilon
Qui lentement prépare sa saison
Dans son ample costume de maître.

Et au bord du ruisseau où elle s'étire,
Le long de sa tige en son milieu,
Ta main ferme la prend pour embellir
L'onde lisse et brune de tes cheveux.

DANS L'ESCALIER

Tout son corps gémit dans ses pas,
Trop lente, sans froissement d'air
Elle descend la rampe au bras
Avant d'arriver au parterre.

Elle descend toujours du même pied
Avec un restant de rêves
Qui ne sont plus très colorés,
Fuyant le bord de sa nuit brève.

Elle les cherche dans l'escalier
À les toucher du bout des yeux,
Et descendant sans se presser
Elle revoit le plus délicieux;

Un tapis de fraîche rosée
Laissait des traces de pieds nus,
Qui souvent semblaient se croiser
Pour on ne sait quelle entrevue.

C'était avant, à peine hier,
Quand ils s'en allaient longuement
Entre sentiers et bruyères,
Au secret des sapins chantants.

Elle le revoit du bout des yeux,
Sous les ombrages des arbres verts,
Et le garde encore un peu
Avant d'arriver au parterre.

MES PERLES NOIRES

Le jour s'est pris dans les rideaux
En longs filaments rouges clairs,
Traçant des ombres sur la peau
Blanche de tes bras découverts.

La nuit s'est encore attardée
Dans le bleu derrière tes paupières,
Et ton souffle passe apaisé
Sur ta chemise légère.

Je te regarde comme toujours
À ne rien manquer d'un détail,
Et mes moindres gestes restent sourds
Entre les draps couleur corail.

Je suis heureux de cet instant
Qui me pousse à ne rien vouloir,
Plus rien que d'être maintenant
Dans ton collier de perles noires.

Ton collier qui palpite à peine
Dans les commissures de ton cou,
Au creux d'une petite veine
Je m'y emprisonne comme un fou.

LES FÊTES À VERLAINE

Dans leur voyage à Cythère au clair de lune,
Pierrot et Colombine, ces deux ingénus,
En leur modeste bateau proche des dunes,
Jouaient un colloque sentimental impromptu.

Et Arlequin et Léandre, les deux rivaux,
Assis près de la grève sur l'herbe fraîche
N'étaient pas dupes de leurs pantomimes sur les eaux,
Faits d'ombres tremblantes dans leurs yeux revêches.

Puis Clymène est apparue toute émoustillée
Sur le sable doré de lune, à moitié nue,
Et en sourdine elle s'est mise à gesticuler
Le contenu d'une lettre inattendue.

Ses gestes invitaient à la promenade
Entre les oliviers et les brassées de thym,
Dans l'allée où barcarolles et sérénades
Rassemblaient luths et mandolines près des pins.

Et d'autres fantoches s'invitèrent au cortège
Qui s'allongeait vers la grotte aux coquillages
Où faunes et satyres s'amusaient du manège,
Avec bouffons et bergamasques pas très sages.

Dans cette troupe, point de place aux indolents,
Même l'Amour par terre se réjouissait des défauts
De Polichinelle et Scaramouche, contemplant
L'onde qui arrivait en patinant sur les flots.

NATURE MORTE

*Ne vois-tu pas dans ce dessin
Des arbres aux bords des étangs,
Peuplés d'hirondelles, fuyant
Le faucon tiré du fusain !*

*Ne vois tu pas les traits dans l'eau,
Courir dans les racines du saule
Et du coudrier qui s'épaule
En entrelacs dans les roseaux !*

*Tu sais, il y a du vent pourtant
Dans toutes ces lignes noires,
Venant d'un tracé en miroir
Sur les berges près des étangs.*

*Il y a aussi des joncs qui plient,
Qui s'emmêlent sous les cyprès
À l'ombre des grands peupliers,
Sous un tas de nuages gris.*

*Tu vois, c'est une nature morte,
Avec des branches de sureau
Penchées sur la surface des eaux,
Où des hirondelles s'emportent.*

AQUARELLES

*Un chevalet, des aquarelles,
Quelques unes inachevées
Qu'il n'a pas cessé de rêver,
Les pinceaux chargés de pastels.*

*Cela fait vraiment bien longtemps
Qu'il ne rencontre plus personne,
Et à quelle peinture il s'adonne
Personne ne le sait vraiment.*

*Son atelier est sous les toits,
Et comme d'un ermitage
À la lisière des nuages,
Il en redescend quelquefois.*

*Viens, descends plus bas pour revoir
Le monde hors de ta palette,
Redescends, sors de ta cachette,
Viens dans la pente du couloir.*

*Tu verras le ciel, peut-être
De grands arbres au bord des rues
Dans l'ombre des maisons cossues,
En passant devant la fenêtre.*

*Tu reverras des gens aussi,
Et plein de visages connus,
Dans leur joie, leur déconvenue,
Allez, reviens plus près d'ici.*

À JAMAIS

Mais comme tu as pâli
Au milieu de ton lit,
Tellement silencieuse,
Allez, sois heureuse !

Viens et reprends ma main,
Et laisse tout ton chagrin
Derrière l'oreiller,
Sois heureuse allez !

Laisse mes bras te lever,
Recommence à marcher
Un peu sur le tapis,
Là, tout près de ton lit !

Remets tout ton regard,
Redépose tout ton fard,
Juste un peu de ton pied
Dans le frais du plancher !

Viens, bouge tes lèvres,
Laisse partir ta fièvre,
Allez, bien au-delà
De la blancheur des draps !

Pourquoi es-tu si pâle ?
Et si loin et sans râle
Hors de tes joues creuses,
À jamais silencieuse.

AVEC ORION

Elles sont là à remplir le ciel,
Et à peu de distance entre elles,
A quelques paumes, à quelques doigts,
Comme des étincelles dans le froid.

Car l'hiver a pris ses mesures,
Jusqu'aux plus petits trous des murs,
Dans le vent, les eaux, les étoiles,
Et Orion que la nuit dévoile.

Ce grand chasseur est de retour,
Majestueux dans ses atours,
Avec sa ceinture, son épée,
Du ventre de la Voie lactée.

Je le regarde dans son parcours
Avec Betelgeuse comme toujours,
Je le frôle, le touche de ma main
Depuis l'allée de mon jardin.

Je m'imagine à ses côtés
Sans jamais être dérangé,
Ni par les grands courants du temps,
Ni par d'autres astres errants.

Et j'irai loin dans l'univers,
Sans jamais regarder derrière,
Près de ce géant rassurant,
Dans son voyage éternellement.

REFLET DE PARADIS

C'est le temps des crocus en couronnes mauves,
Des perce-neiges et des primevères,
De l'hiver qui s'épuise et se sauve
Des prés qui deviennent de plus en plus verts.

Suis le bord du sentier, tu trouveras
L'anémone blanche, et l'âme heureuse
Tu verras dans la fraîcheur des thuyas
L'impatience des lianes sinueuses.

Tu verras des nids dans les noisetiers
Aux longues branches où bondit l'écureuil,
Suis le sentier, tu verras les cépées
Où se promène parfois le chevreuil.

Va l'âme heureuse dans la chevelure
Du saule qui voûte une herbe épaisse
Au pied du tronc que des pierres bordurent,
Reste, et attends puisque rien ne presse.

Attends, et écoute dans les taillis
Comment la nouvelle haleine du vent
S'éprend dans les jeunes bourgeons, où luit
Un reflet de paradis au printemps.

Partie II

FONTAINE

*Petite voisine d'un Château
Séculier, au bac arrondi
Et taché de mousse jaunie,
La fontaine souvent sans eau
Était plantée comme un repère,
Débordant d'un parc ombragé
À l'herbe grasse à son pied
Où vaguait la bise passagère.*

*Coiffée d'une coupole en métal
Où perlaient des gouttes de pluie,
En aide d'une source tarie,
Elle s'éclairait comme un fanal
Pour quelques verdiers assoiffés,
Qui venaient aussi s'ébattre
Dans des flaques couleur d'albâtre
Verdi, en son fond fissuré.*

*Elle se hissait comme l'oriflamme
Pour quelques enfants égarés,
Quelques naufragés attirés
Par sa noblesse et son charme.
Mais elle n'est plus, la nymphe câline
Au bord de la grande bâtisse,
La Naïade du supplice
En nos cœurs et âmes chagrines.*

INTERNAT

Des murs et du silence noir,
Plus une forme, et ni rien
Des distances du lit à l'armoire,
Et il se replie dans son coin.

Là, dans les seuls bruits de son cœur,
Soucieux des bosses et des angles,
Il revoit les pièges et la peur
Des liens cruels qui l'étranglent.

Il cherche une goutte de lumière
Et surprend des échos de pas,
Se réjouit d'odeurs de poussière
Qu'il trouve dans les plis du drap.

Il attend, que le noir s'éclaire
À un endroit de la porte,
Un souffle, une voix, des commentaires,
Une main qui le prend et l'emporte.

Il attend, et il rêve peut-être
D'ailleurs, de sentiers ou de brume
Qui pèse et s'enchevêtre
Autour des cheminées qui fument.

Là, dans les seuls bruits de son cœur,
Toujours replié dans son coin,
Il cherche un point de lueur
Le tête perdue entre ses mains.

LE CAHIER DE CÉSARÉ

Comme souvent je prends l'escalier,
Je sais, pas à pas prudemment
Qu'il mène là-haut dans le grenier,
Où me parle parfois le vent.

Face à la table et mon cahier,
Je sais qu'avec les coloriages,
Les images et sans encrier,
Malgré tout je vais être sage.

Les couleurs vont s'entremêler
Entre les dessins doucement,
En actif-aidé se poser,
Et je sais, j'en serai content.

Des photos seront ma mémoire
Pour que tout reste bien longtemps,
Et sans jamais être un grimoire,
Ni pour moi, ni pour mes parents.

Comme très souvent dans le grenier,
Je sais qu'à ce moment présent
J'irai très loin dans mon cahier,
Tout près où me parle le vent.

UN ORAGE AU BOUT DES DOIGTS

*Je montre souvent l'orage,
Là, juste au bout de mes doigts,
Maître du ciel et des nuages,
Et j'en ai peur comme d'un roi.*

*Mais j'avance et à l'écoute,
Et malgré les mots rassurants,
Je reste dans le doute
Sur le chemin de nos pas pressants.*

*Les chansons et les regards égrenés
Ici et là, entre fossés et clôtures,
Je sais, cherchent à m'apaiser
Dans le fracas qui me torture.*

*Tonnerre, éclair, gros tambour,
Orchestre désaccordé,
Là, dans le tourbillon d'alentour
Hurlant, j'avance terrorisé.*

FELICE

Il dira rarement ce qu'il pense,
Mais certainement souvent ce qu'il veut,
Il sera laconique dans ses aveux,
Et plus pauvre encore dans ses confidences.

Ses mots, dans l'alternance des états d'âme,
Doux murmures ou vociférations,
S'attacheront à des répétitions
Pour insister sur les besoins qu'il clame.

Il vous regardera d'un œil fermé,
Vraisemblablement pas pour la méfiance,
Ni pour vous prouver sa connivence,
Mais par un défaut depuis qu'il est né.

Et quand il ouvrira sa mémoire,
Et jusqu'aux abysses de son enfance,
Il ressortira avec aisance
Toutes les chansons de son répertoire.

Il ne grimpera jamais aux branches
Et ne montera jamais l'escalier
Seul, pour atteindre le dernier palier,
Car il n'a qu'un seul bras dans ses manches.

Il se promènera en clopinant,
Sans jamais trop se plaindre des distances,
Et rassuré d'avoir une présence
À son bras , il marchera en chantant.

Je le connais depuis son enfance,
Et depuis qu'il m'accueille comme un ami,
Avec sa tête qui s'incline aussi,
Je crois voir comme une révérence.

LE POSTE DÉCOLORÉ

On pourrait croire qu'elle danse, comme pour rendre hommage
À une musique, une voix, un rien qu'elle partage
Avec on ne sait quel ami de passage,
Sans craindre un seul soupçon pour son image.

Le poste décoloré rythme ses mouvements,
La balançant d'un pied sur l'autre étrangement,
Avec dans les yeux la vision d'un confident
Qui l'entraîne dans ses mesures et la comprend.

On pourrait croire qu'elle danse et qu'elle part en voyage,
Loin des chemins connus de son entourage,
Dans une romance vers de beaux paysages,
Comme si elle tombait dans un profond mirage.

Elle fredonne aussi au poste décoloré,
De la musique, de la voix, un rien d'enchanté,
Et comme c'est le plus doux des amis bien aimé,
Elle balance son corps vraiment tout près.

L'ISSUE

À peine un léger tremblement de glycine,
Dans l'encadrement des pierres d'ocre jaune,
Susurrant les mêmes notes d'été en sourdine,
Autour de deux enfants dans leurs échanges aphones.

Et devant la porte terriblement fermée,
Ils commencèrent une conversation inaudible,
Secrète, en gestes vifs et stéréotypés,
Dans l'inquiétude d'une issue impossible.

Ils psalmodiaient de tout leur corps, d'incertitudes,
Devant l'entrée en piétinant sans avancer,
L'un, un korrigan perdu dans ses habitudes,
L'autre, un gavroche perdu dans ses pensées.

Sont-ils dans les bocages bretons et ses dolmens,
À veiller aux trésors dans les sols des collines,
Dans les émeutes et les barricades parisiennes,
À lancer des pavés devant les carabines ?

Mais non, ils ne sont ni lutin et ni rebelle,
Juste enclins à vouloir rentrer dans le couloir
Pour échapper au monde abject et cruel,
Sans se pencher sur les légendes et l'histoire.

À peine un léger tremblement de glycine
Dans l'entrebail grinçant des deux battants de bois,
Sur la douce mélodie d'une musique voisine,
Et nos deux enfants s'entourent de gestes de joie.

OÙ ES-TU ?

Qu'y a-t-il dans ton silence,
Mais qu'y a-t-il de si précieux,
Puisque jamais tu n'avances
Ni un mot terne ni heureux ?

Ton regard se lève et s'en va,
Parfois tellement loin de tes yeux,
Que je ne sais si tu es là
Ou alors bien loin dans les cieux.

Mais que dit ton âme solitaire
Parmi les anges et les dieux
Pour fuir ainsi le monde vulgaire
Et en trouver un plus radieux ?

Mais que fait-il ton silence
À se plaire sans dire un mot ?
Avec toujours la même méfiance
Tu t'isoles en tournant le dos.

Et tu es là, si loin du temps,
Si loin, et jamais tu n'avances
Une main ou un bras qui se tend,
Comme si plus rien n'avait de sens.

Ah ! Je voudrais être avec toi,
Dans tes errances et tes mystères,
Pour te donner un peu de moi,
Et entrer dans ton univers.

DES MAINS VERTUEUSES

De petites ombres tremblantes,
Rassemblées dès potron-minet,
Épiaient la lumière naissante
Entre le lierre et le laurier.

Elles se serraient dans leur costume
Entre les grilles où l'air gelait,
Presque sans un mouvement de plumes
Et ni de becs, elles attendaient.

Leurs pattes glacées de givre blanc,
Dans cette aube silencieuse,
Se préparaient au grand élan
Vers une provende capricieuse.

Dans leurs yeux se mêlaient déjà
Un pâté de beurre et de noix,
Et de graines sous la véranda,
Au creux des maisonnettes en bois.

C'était hier et c'était beau
Toute cette aubade frileuse,
Quand tous les oiseaux du Château
Saluaient des mains vertueuses.

FRATERNITÉ

C'était l'hiver je me souviens,
Comme une tempête dans ma tête
Qui résonne encore et m'étreint
De douleur, et ma peine s'entête.

Une tempête de début d'hiver
Jusque dans mes larmes noires,
Qui gelait mon rêve d'hier
Et semait tout mon désespoir.

Bien enveloppés dans leur lit d'eau
Et déjà si prêts à s'aimer,
C'était deux angelots bien au chaud,
Enlacés et tellement trop près.

C'était l'hiver je me souviens,
De ce message où tout s'effondre,
De cet avenir sans lendemain
Qui nous intime à nous morfondre.

Mais je sais qu'on ne peut lutter
Contre les désirs fraternels,
De s'en aller tout décidés
Sur le chemin qui mène au ciel.

ÉCOLE D'AUTREFOIS

Du dortoir je voyais s'éclairer les maisons
D'où s'enfuyaient des flocons comme des étincelles,
Et le grand vent qui passait dans les croisillons
Gémissait de douleur, sa plainte habituelle .

Il était cruel ce froid sur ma solitude,
Ce froid des mots et des décisions péremptoires
Qui m'imposaient sévèrement des certitudes,
Et jusque sur les bancs étroits du réfectoire.

Ce réfectoire de dévots où rien ne traînait,
Ni les voix, ni les pas, ni les joies et le pain ,
Juste des froissements de scapulaires qui passaient
Comme d'attentives sentinelles cachant leurs mains.

J'étais petit, fragile, et l'image de ma mère
Était ma chaleur comme une icône sur les murs,
Me soulageant des punitions trop sévères,
Des rigueurs, et des sempiternelles blessures.

Ce soir des flocons s'enfuient comme des étincelles
Des fenêtres qui s'éclairent aux façades des maisons,
Et le grand vent courant à travers les ruelles
Me ramène dans l'héritage de mes émotions.

C'EST LA VIE

Voilà que mes souvenirs me reviennent à la mémoire,
D'un internat sordide où cent lits s'alignaient dans le noir.
Que j'étais seul dans mon cœur de souffrance,
Quand les dimanches je quittais la maison de mon enfance.

Le temps s'est écoulé évidemment sur ces blessures,
Et j'ai mis la route vers un Château qui me rassure,
Cerné d'arbres et de vent, où j'ai donné comme j'ai pu,
Entre rires et larmes, jour et nuit, le geste attendu.

Cela fait très longtemps que j'ai voulu croiser le regard
Sur les visages perdus de ces enfants aux yeux hagards,
Ne voir qu'un sourire comme une étoile au firmament,
Juste un petit trésor pour être utile maintenant.

Et la vie revient comme un cadeau du vieux barbu,
Dans la neige, le froid et le frémissement des arbres nus.
Et la vie revient au milieu des fêtes d'été,
Comme l'automne avec ses couleurs et ses oies cendrées.

Partie III

À LA TABLÉE

Nous l'attendions ce jour du grand départ,
Les bras lourds et engourdis de bagages,
Quand août nous menait vers cette vieille gare
Perdue au beau milieu des pâturages.

Le soir tombait, et la route sinueuse
Nous rapprochait de quelques bâtisses sombres,
D'une ferme sous la lune à peine lumineuse,
Entre les étoiles, les arbres et les ombres.

L'âtre nous attendait comme un ami,
Avec ses flammes dans le bois des ramures
Qui posaient ses doigts chauds sous nos habits,
En dansant les silhouettes sur les murs.

Un an de souvenirs à la tablée,
Qui répandait des instants de plaisir,
Se dégustait autant qu'une bonne potée
Que la grosse marmite allait nous offrir.

Et les paroles coulaient comme le bon vin,
Évoquant le temps des dernières moissons
Et des paniers garnis sous les sapins,
Comme les durs charrois de la fenaison.

Nous évoquions le pressage difficile,
Dans les suées et les nuages de poussière,
Du foin en vrac ramené au fenil
Sous le toit et la petite verrière.

Et les paroles coulaient comme la rivière
Qui non loin de la ferme bornait les champs,
Avec la forêt tissant sa lisière,
Protégeant les pêcheurs comme un auvent.

Dans les remous, cachées par des pierres,
En ces endroits de mousse et enfeuillés,
Nous savions que la truite et la vipère
Attendaient pour éviter le danger.

Ah! Qu'il était doux devant les tisons
Ce souvenir de fougères et de genêts,
Des quelques lieux secrets des champignons
Que nous trouvions entre sentes et passées.

Nous partions quand l'aube déchirait la nuit,
Avec besace et bâton à la main,
Dans des lots de brouillard sur les taillis,
Sur les nouvelles éteules et le regain.

C'était un repas d'août à la tablée,
Où la mémoire se mettait à parler,
Dans un grand chant de rires et de goulées,
En ce premier soir de vacances d'été.

LES PAS DE MA MÈRE

Pas un bruit, ni même un clignement de paupières,
Rien que des coups tapant tout au fond de mon cœur,
Que j'écoute, qui s'élèvent plus forts au fil des heures,
Et j'attends de tous mes sens les pas de ma mère.

Je les attends, et comme on peut le faire vraiment,
Avec dans les yeux la vision de ses gestes,
Derrière la porte, et jusqu'aux plis de sa veste
Quand la clé dans la serrure se met en avant.

Dans l'entre-bâillement elle se rhabille de soleil,
Comme si ses sourires feraient de la lumière,
Tout autour de moi, sur mon ombre solitaire.

Je m'approche, et elle m'étreint et je m'émerveille,
Ses mots sortis de son silence sont un bonheur,
Ils me prennent et m'enveloppent, et je n'ai plus peur.

À LA FÊTE DES MÈRES

J'étais venu te dire merci
À la fête des mères ce lundi,
Avec une rose rouge devant ta photo jaunie,
Et quelques larmes se mêlant à la pluie.

Les arbres se penchaient, alourdis,
Comme une révérence en parapluie,
Où toutes les feuilles en cérémonie
S'agitaient en une belle symphonie.

Aussi, des oiseaux venus du paradis
S'étaient donnés rendez-vous ici,
Jetant autour de moi leur joie et leurs cris,
De grands oiseaux et leurs petits.

Et autour de moi tu l'étais aussi,
Comme s'il fallait à tout prix,
Rien qu'à ce moment précis,
Être là avec ton enfant chéri.

DES ROSES ET DES MARGUERITES

*Que pourrait dire un poète
Des roses et des marguerites,
Qui attendent et s'inquiètent
Dans les herbes qui s'agitent.*

*Penchées aux îlots de sainfoin,
Entremêlées de campanules,
Elles seraient l'arôme du jardin
Comme un flacon de canicule.*

*Elles seraient pleines de pétales,
D'abeilles et de papillons
De couleurs, et de blanches étoiles
Toutes serties de jaune bouton.*

*Il pourrait dire d'elles aussi
Qu'elles se transforment en bouquets,
Pour des fiançailles, des amis,
En présent près des chandeliers.*

*Elles seraient comme un visage
Réapparu à chaque instant
Depuis notre plus jeune âge,
Comme le prénom d'une maman.*

*Que pourrait dire un poète
Des roses et des marguerites,
De nos souvenirs qui s'entêtent
Lorsque des êtres nous quittent.*

NOISETTES AUX BRANCHES

C'était au temps des noisettes aux branches,
Aux temps des odeurs d'automne,
Avec ta musette à la hanche,
Quand tu portais ton petit bonhomme.

J'étais si grand là-haut sur tes épaules
À regarder encore plus loin à l'horizon,
À toucher du doigt là-bas ma maison,
Quand tu passais tout près des grands saules.

Nous partions en quête de quelques fruits,
Si joyeusement trouvés et cueillis.
J'étais tellement fort sur le dos de cet homme,
Mon père ; au temps des couleurs d'automne.

UN PEU DE LUI

J'aimais sa silhouette sous la lampe,
Même son calme et son geste mesuré,
Et aujourd'hui je crois avoir gardé
Un peu de lui, du gris sur les tempes.

Le bras sur l'accoudoir comme un étai
Portait tout le poids de sa lecture,
Les affres du monde, les démesures,
Un peu de lui dans les traces du passé.

J'aimais le voir dans son fauteuil bancal,
Coincé entre les livres d'histoire
Qui remettaient en route sa mémoire,
Un peu de lui qui n'était pas banal.

Sa main cherchait dans les écritures
Des guerres qu'il revivait en silence,
Les amis perdus et les souffrances,
Un peu de lui dans tant d'aventures.

J'aimais le voir dans les pages du journal
Creusant les gros titres et les lignes,
Tranquille, lointain mais tellement digne,
Et sans jamais ne rien dire de mal.

Les doigts décharnés, fripés de cet homme,
Traversés par de longues lignes bleues,
Ne semblaient plus être aussi audacieux,
Peut-être que je suis un peu de lui, en somme.

UN BONHEUR D'ENFANCE

Ah! Ce bon bisou sur ma joue, tant attendu,
Et si tendre, que mon père gravait d'un seul coup,
À jamais, en posant ses deux mains sur mon cou,
Pour me rapprocher de son visage poilu.

C'était un jour sans école, un jour de bonheur,
Ce moment d'odeurs de sueur et de minerai
Qui flottait tout autour de nous, et ravissait
Mon enfance et jusqu'à maintenant dans mon cœur.

La traversée était longue pour mes huit ans
Qui s'emballaient dans de petits pas rapides,
Avec le bras tendu et la paume humide,
Dans les rues et sur les routes agitées de gens.

La mine était toujours trop loin pour le retour,
Mais le restant de lèvres mouillées, qui collait
Sur ma peau, m'accompagnait durant le trajet
Avec l'image de mon père et tout son amour.

PÈRE NOËL

Un rayon de lune dans la nue
S'est couché dans notre jardin,
Rien n'était plus inattendu,
Mon père et moi main dans la main.

La neige déposait ses congères
Dans de beaux tournoiements tout blancs
Jusqu'aux petits recoins déserts,
Dans les rues, sur les toits, les champs.

Décembre commençait sa saison,
Et l'astre lâchait une lueur pâle
Comme si l'ombre de notre maison
Était encore plus triomphale.

Je me souviens main dans la main,
Toi et moi près de l'appentis,
Planté de poutres en vieux sapin,
Cherchant parmi de vieux outils.

Tu semblais tellement retenu
Entre tous ces objets divers,
À pointer de ton bras tendu
Une boite couverte de papier vert.

Elle découvrait un château fort,
Son pont-levis et des tourelles,
Et je le sais, dans ce décor,
Que tu étais mon Père Noël.

TROIS SŒURS

*Le lait fait des bulles dans la casserole
Sur le poêle en fonte de la cuisine,
Il est sept heures et c'est un jour d'école,
Le matin crie des sirènes de la mine.*

*Les bols sont trempés de bout de tartines,
Dehors le froid est revêtu de nuit,
Des taches sur la nappe bleue marine
Se mélangent à des morceaux de fruits.*

*Le bois craque dans le poêle rougi
Et les doigts s'emmêlent dans les chevelures,
Car tous les matins il en est ainsi,
Le temps pénible de la coiffure.*

*Le temps passe et les parures se pressent,
Mais elles sont belles et toutes gentilles,
Avec au cœur ce moment de tendresse
Si bien tenu jusqu'à l'école des filles.*

UN MURMURE D'ANGE

*Chaque soir je retrouve un murmure d'ange,
Si proche du silence et tellement étrange,
Que j'entends couler dans les détours de mon sang,
En mélange de mots un peu hésitants.*

*Immobile, je l'entends de tout mon corps,
Susurrant en soupirs comme un remord,
Comme un message en phrases désordonnées
Qu'il m'impose à écrire sur le papier.*

*Et comment le dire en mots hésitants
Tout ce qu'un murmure d'ange prêtant,
Je le ressens intensément mais confus,
Et jusqu'au milieu de mes doigts perclus.*

*C'est si fragile cet instant de remord
Quand dans le soir tout doit être en accord,
Dans cet envoûtement qu'un écrit suit,
Traduisant un murmure en poésie.*

J'AVAIS SIX ANS

Dans la maison de mes parents,
J'étais petit, j'avais six ans,
Je faisais croire que lire, écrire,
Était aussi facile que rire.

De ma lucarne loin de l'école,
J'enviais avec une envie folle
Les petits pas de ces enfants
Se dépêchant tout en traînant.

Je les voyais à leur pupitre
Sans jamais pouvoir faire le pitre,
À l'encrier coincé au bord,
Plonger la plume Sergent Major.

Dans la maison de mes parents,
Je restais là, seul, en rêvant
Aux beaux gestes du calligraphe
Dans les tourments de l'orthographe.

Je griffonnais des lettres, des mots,
Parmi les lignes tout était beau,
Et même chiffonner l'écriture
Devenait toute une aventure.

Je lisais je ne sais trop quoi
En murmurant du bout du doigt,
Le seul livre restant de mon père,
Des pages jaunies de dictionnaire.

Dans la maison de mes parents,
J'étais petit, j'avais six ans ,
Je m'inventais en écolier,
À la lucarne dans mon grenier.

SOUS LES COUVERTURES

Combien de fois sous ses couvertures
Il regardait son monde s'en aller,
Sans vraiment comprendre, et il pleurait
Face à sa détresse contre le mur.

Car c'est contre le mur qu'il s'enroulait
Dans ses couvertures, avec ses larmes
Et le poids de la mort sur son drame,
Et tellement trop seul sur son oreiller.

Ses pensées lui disaient que tout s'en va
Et disparaît dans les caprices du temps,
Comme les nuages dans le ciel, ou le vent,
Ou les pierres qui se cassent sous les pas.

Il savait que tout s'en va, même les mots
Dans nos voix et les gestes de nos bras,
Le parfum et les couleurs du lilas,
Les feuilles d'automne dans de tristes sanglots.

Combien de fois dans sa chambre d'enfant
Son petit cœur se mettait à penser,
Sous ses couvertures dans sa chambrée,
À son amour secret pour ses parents.

TON IMAGE VAINE

Un plateau longe la vallée
Où s'éloigne une rivière
Là-bas vers des coteaux boisés,
Comme un serpent de lumière.

C'est un plateau millénaire
Qui surplombe mon village,
Dans son regard autoritaire
Il le tient dans son sillage.

Tout habillé d'herbe verte
Dans les mois d'avril et de mai,
Il sèche ses pentes désertes
Sous le brûlant soleil d'été.

Il est le lieu des errances,
Des révoltes de mes pensées,
Des rêves et des extravagances
Que j'emmène sur ses sentiers.

Il est un peu plus près du ciel,
Et dans son espace lointain
C'est ton visage au teint de miel
Qui se forme comme un dessin.

Et là, je me presse et m'abaisse,
Pour ce brin de marjolaine
Blanc, que je prends et délaisse
Au cœur de ton image vaine.

DES MOTS ET DES VIRGULES

Sur une page quadrillée
Des lettres se sont alignées
Avec des mots et des virgules
Pour le redire aux incrédules.

Quand tout allait dans le silence
Dans les étoiles de la Balance,
Un astre passa rapidement
Au point du jour évanescent.

C'était un char et son aurige,
Tout heureux de son vertige,
Avec sa longue traînée pâle
Dans les profondeurs astrales.

Je partais dans son odyssée
En touchant les clartés d'Astrée
Et de son voisin le Scorpion
À la lisière de l'horizon.

Il était beau mon voyage,
Et loin d'être un mirage,
Je le mets en mots et virgules
Pour le redire aux incrédules.

MON ÉCOLE BUISSONNIÈRE

Dans le creux où s'entassaient des rais de lumière,
Des effluves de primevères rodaient dans l'air
Bleu, et tranquille et couché dans mon grand lit vert,
J'avais les yeux au ciel en mon coteau désert.

Errant là-bas parmi les nuages fuyants
Où de grandes bêtes se dessinaient vraiment,
Libre, je me moquais des pensums ennuyants,
Des couloirs aux portes fermées et des murs blancs.

Le printemps avait remis ses couleurs vives
Avec tous les nouveaux oiseaux comme convives,
Heureux, et loin des leçons rébarbatives,
Je goûtais le temps sur mon île captive.

Dans ma bohème, je chantais les poètes
Parmi les muses, et mes émotions secrètes,
Écorchées, les révoltes et les tempêtes,
Bien au-delà dans le lointain à tue-tête.

DANS MES SAISONS

Je ne peux voir la mer
Cachée par tant de terre,
Ni les pins sur la dune,
Mais l'hêtre au clair de lune.

Je ne peux voir l'écume
Qui bouillonne, se consume,
Le ressac et la grève,
Mais l'été qui s'achève.

Je ne vois rien des algues
Qui jouent avec les vagues,
Se répandent sur le sable,
Mais l'automne de l'érable.

Je suis loin des embruns
Qui gouttent les parfums
En douces effluves marines,
Mais dans la neige qui bruine;

Et loin des coquillages
Qui s'étalent au rivage,
Se brisant sous les pas;
Mais le printemps est là,

Dans son océan vert
Où vaguent les conifères,
Dans l'herbe de la plaine
Souriant à perdre haleine.

Je flotte dans mes saisons
Sur mon îlot de terre,
Et comme un Robinson,
Tellement loin de la mer.

SURPRISES

C'est le temps des surprises,
Des livres que l'on dépose,
Rien que de petites choses
Du barbu qui se déguise.

Il est encore revenu,
Peut-être un peu plus courbé,
Mais toujours bien enjoué
Dans ses gestes retenus.

Très tôt au petit matin,
Tendrement il a posé
Et comme à l'accoutumée,
Des paquets sous le sapin.

C'était un lotus en fleur,
Rien qu'un pied et sa lanterne,
Comme celui des vieilles tavernes,
Toute éclairée de mon cœur.

L'âtre gonflé de tisons
Montrait cette belle vitrine,
Et l'odeur des mandarines
Embaumait toute la maison.

UN CARRÉ DE LUMIÈRE

C'est un carré de lumière
Accroché au bout de quelques conifères,
Comme un phare entouré de vert,
Un éclat perché parmi l'obscurité.

D'ici on imagine deux êtres solitaires
Se parlant même sans aucun commentaire,
Comme le feraient deux vieux compères
Aux gestes tendres de l'affectivité.

C'est la fenêtre éclairée d'un repère
Où se côtoient une princesse et son trouvère,
Comme deux fugitifs dans leur tanière
Au bord du monde et de son immensité.

D'ici on imagine des livres sur les étagères,
Des odeurs d'encens aux volutes passagères,
Comme dans ces hauts lieux sacrés des monastères
Qui nous laissent entrevoir un goût d'éternité.

C'est une clarté où viennent mourir quelques éphémères
Éblouis par la beauté de ce sanctuaire,
Comme le font les papillons de nuit aux lampadaires
Brûlés par tant de luminosité.

D'ici on s'imagine dans notre chambrée,
À lire, à rêver, à s'aimer,
Comme à espérer quelques gouttes d'immortalité
Pour vivre à jamais dans notre petit univers.

MA FEMME, MON INSOMNIE

Comment te dire cet océan qui gronde,
Qui tourmente ma nuit et m'inonde
D'images opaques et sombres,
Immensément seul à tes côtés comme une ombre ?

Je pense, je rêve et j'ai froid
Comme un enfant perdu errant sous les toits.
Je frissonne et passe la nuit ;
Je ne sais plus qui je suis dans cette insomnie.

Et toi dans ton silence, au sommeil profond,
Tellement loin des chemins qui m'obsèdent,
Tu es en moi comme une chanson
Qui ressasse et sans cesse me possède.

Et je t'attends même quand tu es là, près de moi ;
Je pense, je rêve et il fait froid.
Tu es mon espérance qui dort,
Ma souffrance, et je t'aime trop fort.

Que faire alors de tout ce qui m'étreint,
De mes caresses qui jamais ne se lassent,
Sur ta peau, tes mains, tes reins?
Et je voudrais tellement que tu m'enlaces.

ORAGE

Nuit de tapage, nuages en colère,
Nos regards aux carreaux ruisselants
Se mêlent aux longues vagues de lumière
Qui tempêtent dans un ciel inquiétant.

Tout paraît en éclats éphémères
Au-dessus des taches de réverbères;
Dehors menace, c'est le grand tumulte,
Partout l'orage règne et rien n'exulte.

Et toi ma femme, toi mon bel amour,
Aux gestes lents, apeurés et sourds,
Toute éclairée face au grand fracas,
Tu respires et soupires tout bas.

Ainsi, dans ces nues déchirées de bruit
Et de pluie, tu t'apaises, bien à l'abri
Avec mon corps contre tout ton être,
Contre les carreaux de la fenêtre.

LE FEU DE CAMP

Il n'avait rien d'un chemin d'école,
L'herbe pliait aux creux des ornières
Où l'eau séchait comme dans des rigoles,
Le vent vaguait les arbres comme la mer.

Quelques pas et puis il s'élançait
Le grand chêne dans toute sa frondaison,
Près de la lisière il découvrait
Un cercle de pierres en son giron.

En son milieu de petites branches mortes,
Déposées en parfaite pyramide,
Avec à son côté comme une porte
Pour la flamme léchant la paille humide.

Je te laissais attiser la braise,
Dans la crainte pour tes doigts, tes cheveux,
Les feuilles jaunes se mêlaient à la glaise,
Le tas fumait, le bois prenait feu.

Encore aujourd'hui je ne peux dire
Tout mon émerveillement dans ce lieu,
Quand je regardais tes joues rougir
Et les flammes enfermées dans tes yeux.

Au bout d'un instant évidemment
Les pommes de terre étaient calcinées,
Et assis sur la mousse du printemps
Nous nous délections à les manger.

Les nuages montaient comme des montagnes
Sur le petit sentier du retour,
Le vent haletait toute la campagne
Avec des tourbillons sur les labours.

UN PEU DE CHEZ TOI

J'entre lentement et tourne la tête,
Ici et là, un globe, de vieux objets,
Le piano droit qui ne fait plus la fête,
Des étagères, des livres longtemps fermés.

J'avance, et quelques billets de voyages
Se reposant de tant de grandes distances
Se mêlent encore à bien d'autres pages,
Brouillons épars au clavier qui s'avance.

Celui-là ne joue plus que des silences,
Ni blanche, ni noire sous les doigts de Mozart,
Peut-être à tout jamais en partance,
Schubert et Chopin ne sont plus bavards.

De vieux objets attendent à s'ennuyer,
Du petit coffre au masque vénitien,
Poussiéreux et certains décolorés,
Comme la boîte à musique de l'Arlequin.

Les étagères au poids des dictionnaires,
Bien sûr étouffent à être trop serrées,
Et comme chez les anciens bibliothécaires
Laissent filer des odeurs de vieux papiers.

Depuis longtemps que les livres se taisent
Où seules les couvertures osent quelques mots,
Les auteurs sont dans un profond malaise,
Autant Hugo, Verlaine qu'Arthur Rimbaud.

Je me souviens dans ta chambre d'antan,
Loin de la route et protégée du monde,
Où pour tes parents tu étais l'enfant,
Aux cheveux blonds, yeux bleus et lunettes rondes.

L'OIE APPRIVOISÉE

Les mains derrière sa nuque dans l'herbe rase,
Caché derrière les fleurs et les vases,
Il s'empresse de garder le souffle court
Car il sait que rapidement elle accourt.

Elle accourt vite dans sa robe blanche,
Sifflant dans les massifs de pervenches,
Quand il met de côté son épi blond
Dérangeant les petits plis de son front.

Elle sait le retrouver cette gardienne,
Dans les plus petites cachettes qu'elle fait siennes,
Pour faufiler son bec dans ses cheveux,
D'un élan vorace mais affectueux.

Un avion fait un bruit vague dans le bleu
Et des routes qui s'effacent peu à peu,
Il le regarde sans grand intérêt,
Couché près de son oie apprivoisée.

MON PETIT

Je sais bien que maintenant la maison s'ennuie,
Plus de cris, de batailles ni de jeux interdits,
Ni même ces petits riens qui traînent dans les coins,
Comme ces avions de papier pliés avec soin.

La maison s'ennuie mais quelques échos résistent,
Quelques empreintes figées des glissades sur les pistes,
Où la joie des grands cachait les pleurs du petit
Quand ils basculaient tous des traîneaux alourdis.

Ils avaient décidé de l'appeler Dimi,
Plus facile à manipuler dans la fratrie,
Quand ils couraient ici et là dans la maison,
Du fond du grenier à la fenêtre du salon .

Et rien n'était plus pénible pour les trois aînés,
Que leurs tentatives de jeux devant le cadet,
Car pour lui les mots, les chiffres étaient un mystère,
Et il restait seul dans ses caprices, ses colères.

Et quand la forêt les menait vers l'horizon,
Avec dans les poches quelques fruits et des bonbons,
Dans leurs souliers trop lourds de distance et de terre ,
Le petit retrouvait les épaules de son père.

Cela fait bien longtemps et la maison s'ennuie,
Plus de cris, de batailles ni de jeux interdits,
Et même si maintenant le petit a grandi,
Nos cœurs sourient encore de ces échos jaunis.

DIX ANS

Bien sûr c'est aujourd'hui
Et on l'appelle jeudi.
Il n'a pas son pareil
Car la neige tombe du ciel.

Là, sous les lampadaires,
Les halos de lumière
Où des passants s'allument,
Gît son manteau de plumes.

Des pas battent la mesure,
Soulevant des murmures,
Dans ce coin du dehors
Qui lentement s'endort.

De la fenêtre close,
Cette métamorphose
Embellit novembre
Du haut de ta chambre.

Et ici, bien au chaud,
Debout sans dire un mot,
Tu regardes et souris
À ces gens dans la nuit.

Je te regarde aussi,
Plein de joie et je ris,
Avec des larmes cachées
Pour tout ce temps passé.

Bien sûr c'est aujourd'hui
Et on l'appelle jeudi,
Ce jour de tes dix ans,
Mon petit, mon enfant.

ELIA

Je t'ai rencontré bien loin de la frontière
Sous les yeux de tes parents, la première fois,
Quand dans leurs bras tu tremblais de peur et de froid,
Et dans mon cœur il y avait un regard fier.

Novembre s'étalait sur nous, plein de bruine,
De vent et de nuit, et tu étais la lumière
Qui passait entre nous avec ses couleurs claires,
Et le souffle de nos voix froissait ta narine.

De bras en bras tu te perdais, infiniment,
Avec dans tes mains crispées, le désir
Secret de les détendre et de nous tenir,
Juste un peu, du bout des ongles, précieusement.

Derrière tes yeux clos, tant de surprise, tant d'effroi,
Tant d'immensité sensible que je devinais,
Que je touchais de mon âme, de mes pensées,
Et je cachais mes larmes au-dessus de toi.

Viens, tu es le pas de plus dans notre histoire
Et nos héritages dans tes futurs combats,
Viens, de ta petite main tu seras Elia
En signant sur les pages de ma mémoire.

LES OSSELETS

D'un vieux coffre à souvenirs,
Ils se sont remis à jouer,
Je n'ai pas pu les retenir
Derrière le couvercle au secret.

Ils sont là au coin de mes yeux,
Cinq osselets rouges et gris
Qui faisaient le bonheur du jeu
Dans des tours de mains réussies.

Ils se sont remis à jouer,
Même dans la fraîcheur des couloirs,
Quand le grand soleil des étés
Nous couchait sur le carrelage noir.

Ils se sont mis à rejouer
Entre la marelle et l'ennui,
À l'école sous les marronniers
Au milieu de l'après-midi.

Avec des billes toutes fardées
Qui se cognaient dans les sacoches,
Ils patientaient à la dictée
Dans la profondeur des poches.

Sortis du coffre à souvenirs,
Ils sont là au coin de mes yeux,
Les cinq osselets sans avenir
Sont devenus vraiment trop vieux.

ISIS

Tigrée en robe de soleil
Derrière le rideau en lamelles,
La tête sur les pattes avant,
Ma belle rêvait en ronronnant.

Elle ronronnait aux trotte-menus,
Qu'elle voyait traverser la rue
Jusqu'aux trous des vieux murs de pierre,
Elle les rêvait les yeux ouverts.

Dans ses beaux yeux en amande
Elle rêvait, tellement friande,
Aux merles et aux chardonnerets,
Allongée sur son canapé.

Aussi, je sais qu'elle attendait,
Avec ses deux pattes qui pendaient
Sous sa petite queue grise,
Une caresse comme une friandise.

Ah! Elle était ma belle féline,
Ma Isis tellement câline
Qui s'en allait tout en restant,
Chasser dans les pierres et les champs.

LE CHALET

La-haut, sentinelle entre la terre, les ramées,
Il surveille au bout de quelques marches de pierre,
Entre les fleurs et les grandes échappées de lierre,
Ce coin de cris et de rires dans le plein été.

Loin de la rue et du monde et des démons,
Il attendrit l'espace comme une présence d'ange,
Que seuls quelques cris d'oiseaux dérangent,
Ce lieu secret caché derrière les buissons.

Carré de bois à la bouche grande ouverte,
Aux incessants tourbillons des découvertes,
Il rassemble les joies complices de l'innocence.

C'est un refuge, une île loin de tout alentour,
Un chalet planté là par un élan d'amour,
Pour de merveilleux souvenirs de l'enfance.

LA MAISON DÉSHABITÉE

Dans les prés d'herbes hautes chatouillant ses murs,
Des chemins oubliés, disparus, mais tracés
Dans mes yeux et que ma nostalgie perdure.

La mousse a mangé le toit jusqu'au faîtage
Où trône la cheminée qui s'ennuie, verdie
Aussi, ravie de quelques oiseaux de passage.

Et comme le vent tousse, dans l'escalier de bois
Des murmures craquent les marches de haut en bas,
Comme pouvait le faire le bruit des pas d'autrefois.

Dans le verger d'à côté, les grands châtaigniers,
En entrelacs avec les cerisiers, les treilles,
Se disputent un peu de place dans les cépées.

Les bogues béantes ont laissé germer les fruits,
Dans le manteau de branches, de feuilles mortes,
Et jusqu'aux bûches vermoulues sous l'appentis.

Rognée par le temps, et par endroits lézardée
D'immenses fissures se promenant jusqu'au toit,
La maison s'abandonne depuis des années.

Elle s'abandonne aux saisons qui la consument,
Allant à vau l'eau jusqu'aux nids des hirondelles,
À la petite route où tache le bitume.

UN QUAI DE GARE

Tu montais, le souffle rapide
Vers le lieu secret de tes rêves,
Les yeux plongeant dans l'herbe humide
Qu'avait perlée une pluie brève.

Tu marchais dans le charivari
Incessant des oiseaux apeurés,
L'âme pleine de pensées alourdies
Sur la terre étroite du sentier.

Un pas de plus et tout revenait,
Des mots, des gestes, un collier d'argent,
Un quai de gare où tout s'achevait,
Hier, quand vous étiez adolescents.

Un pas de plus et tu te revois
Dans le regard du dernier baiser,
Avec de grands soupirs dans la voix,
L'étreinte de vos bras attristés.

Tu montais, le souffle rapide
Pour revoir le secret de tes rêves,
Le revoir sans aucune ride
Avant que le jour ne s'achève.

AU MONTE CAVALLO

Je suis allé revoir cet endroit
Où la luzerne touche le ciel,
Où le calme sourit de tant de silence,
Tellement éclairé de soleil.

Je suis allé revoir cet endroit
Pour offrir ma révérence
À mon beau-père tout là-haut,
Tout au bout du chemin
Sur le Monte Cavallo.
Là, où il a voulu terminer son destin,
il repose tout près de sa maison d'enfance,
Juste là, où des oiseaux chantent leur romance
Qui résonne pour lui un vieil air d'accordéon.

Je suis ici et je m'impose
À sa présence invisible,
Pour goûter à toutes ces petites choses
Qui l'entourent, indicibles,
À ce léger souffle qui plane et m'apaise,
Un chuchotement comme un refrain de sérénité,
Et loin de tous les malaises,
Je ressens un peu de son éternité.

Pardon d'avoir frôlé ton espace,
Juste pour quelques instants fugaces,
Dans ce coin du monde où tout est si beau,
Dans ce petit coin de paradis, au Monte Cavallo.

DÉSORMAIS

*Dans ce petit matin d'un froid glacial,
À peine marqué de traces de réverbères
Sur des creux d'asphalte et d'ornières,
Il allait vers son morne idéal.*

*Il n'entendait plus ses pas lents et lourds,
Ni même la bise dans les noisetiers
Que le frimas d'hiver faisait craquer,
Des pas si lents en échos de velours.*

*Il allait vers son petit coin de terre,
Tant de fois revêtu d'un potager,
D'un parterre de fleurs dans les mois d'été,
Si seul dans ce sinistre mois d'hiver.*

*Il n'entendait que les bruits de son cœur,
Battant la chamade, triste et si seul
Dans son habit de coton comme linceul,
Déjà loin du monde parmi ses peurs.*

*Il partait là, et si loin à jamais,
Sans revoir l'asphalte et les ornières,
Et tellement loin de ses pensées amères,
Vers un autre coin de terre, désormais.*

POUSSIÈRES D'ÂME

Je m'en irai au petit matin
Ou peut-être le soir,
Les yeux plein de peur et de désespoir ;
Je partirai certainement bien loin.

Je m'en irai beaucoup trop loin
Pour te dire bonjour,
Et te prendre par la main ;
Je partirai sans retour.

Pourtant je serai ici et là
Malgré ce départ funeste,
Touché par tes moindres pas,
Caressé par tes moindres gestes.

Tellement petit comme l'invisible,
Je poserai un peu de moi,
Sur les routes, les champs et les toits,
Et goûterai aux courants d'air indicibles.

Partout comme peut l'être le vent,
Tu me trouveras infiniment présent,
Sur les roses, les tulipes et les nénuphars,
Simplement au gré des hasards.

Je serai la poussière que tu frôles, que tu respires,
Et qu'à chaque instant tu dévoiles,
Jusqu'à revoir mon sourire,
Qui s'étire jusqu'aux étoiles.

Sommaire

LÉGÈRETÉ 1
LE SILENCE DES LIVRES 2
ESPOIR 3
LA FEUILLE DU PEUPLIER 4
SI BELLE 5
PETIT NUAGE 6
BRINS DE SILENCE 7
ABSENCE 8
RECUEILLEMENT 9
CRÉPUSCULE 10
LE MÉDAILLON 11
L'ENCRE DE LA PLUME 12
DES CRIS DANS LE CIEL 13
GARDONS DES LARMES 14
PRINTEMPS 15
L'ÂTRE 16
FORÊT 17
PALIMPSESTE 18
LE VENT 19
FEU 20
UN RÊVE 21
AU SOLEIL COUCHANT 22
L'ŒIL DE CASSIOPÉE 23
NOS ÉRINYES 24
L'ORATOIRE 25
RITUEL 26
LE PETIT PRINCE 27
FLEUR 28
DANS L'ESCALIER 29
MES PERLES NOIRES 30
LES FÊTES À VERLAINE 31

NATURE MORTE	32
AQUARELLES	33
À JAMAIS	34
AVEC ORION	35
REFLET DE PARADIS	36
FONTAINE	38
INTERNAT	39
LE CAHIER DE CÉSARÉ	40
UN ORAGE AU BOUT DES DOIGTS	41
FELICE	42
LE POSTE DÉCOLORÉ	43
L'ISSUE	44
OÙ ES-TU ?	45
DES MAINS VERTUEUSES	46
FRATERNITÉ	47
ÉCOLE D'AUTREFOIS	48
C'EST LA VIE	49
À LA TABLÉE	51
LES PAS DE MA MÈRE	53
À LA FÊTE DES MÈRES	54
DES ROSES ET DES MARGUERITES	55
NOISETTES AUX BRANCHES	56
UN PEU DE LUI	57
UN BONHEUR D'ENFANCE	58
PÈRE NOËL	59
TROIS SŒURS	60
UN MURMURE D'ANGE	61
J'AVAIS SIX ANS	62
SOUS LES COUVERTURES	63
TON IMAGE VAINE	64
DES MOTS ET DES VIRGULES	65
MON ÉCOLE BUISSONNIÈRE	66
DANS MES SAISONS	67
SURPRISES	68

UN CARRÉ DE LUMIÈRE	69
MA FEMME, MON INSOMNIE	70
ORAGE	71
LE FEU DE CAMP	72
UN PEU DE CHEZ TOI	73
L'OIE APPRIVOISÉE	74
MON PETIT	75
DIX ANS	76
ELIA	77
LES OSSELETS	78
ISIS	79
LE CHALET	80
LA MAISON DÉSHABITÉE	81
UN QUAI DE GARE	82
AU MONTE CAVALLO	83
DÉSORMAIS	84
POUSSIÈRES D'ÂME	85